Spetter

Een bloem voor de maan

Frank Smulders
tekeningen van Daniëlle Schothorst

ZWIJSEN

Het is nacht.
Maar Kim slaapt niet.
Ze leunt uit het raam.
En kijkt naar de maan.
De maan drupt nog.
Want hij komt uit het meer.
Kim zwaait.
'Hoi maan!' roept ze.
De maan knipoogt naar Kim.
Dan komt er een wolk.
Die schuift voor de maan.
Weg is de maan.

Kim stapt in bed.
Wat is hij mooi, de maan.
Zo rond en zo wit.
Weet je wat? denkt ze.
Morgen pluk ik een bloem.
En die geef ik aan de maan.
Dat doe ik!
Kim valt in slaap.
Ze droomt van de maan.
En van een bloem.

De zon is op.
Kim ook.
Kim huppelt door het gras.
Het gras is zacht.
'Zzzz... zzzz...'
Daar komt een bij.
'Wat doe je, Kim?' zoemt de bij.
'Ik zoek een bloem,' zegt Kim.
'Een bloem voor de maan.'
'Kom mee,' zegt de bij.
'Ik weet er een!'

De bij wijst met een poot.
'Die tulp is het,' zegt hij.
'Wat vind je ervan?'
Kim kijkt.
Groot en geel is de tulp.
Het is net een ster.
Echt iets voor de maan!
Oei, en wat ruikt hij fijn.
Net parfum.
'Bij,' zegt Kim.
'Die tulp is prachtig!
Dank je voor de tip.'
Kim plukt de tulp.

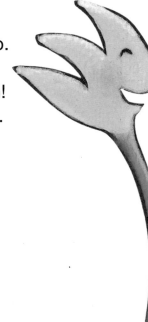

Kim holt naar huis.
De tulp rent met haar mee.
Kim gaat de keuken in.
Ze pakt een mand.
Daarin legt ze wat koek.
En een fles prik.
Dan zet ze de tulp in de mand.
'Ziezo,' zegt Kim.
'En nu naar het meer!'

Het meer is blauw en glad.
Geen golfje te zien.
Kim duwt de mand het meer op.
De mand drijft.
Kim springt in de mand.
Naast de tulp.
De mand is een boot!
De boot wiebelt wel.
Maar de wind staat goed.

Fijn gaat het!
Ze zijn al ver op het meer.
Kim eet koek.
En de tulp drinkt prik.
Door een rietje.
De tulp zucht:
'Mmm... leuk op het meer!'

Maar wat is dat?
Spet... spat... spet...
Daar komt een golf!
O, wat gaat die hoog!
De boot gaat op en neer.
Kim wordt nat.
En de tulp valt om.

Uit het meer komt een hoofd.
Een groot hoofd.
Met hier en daar een haar.
De tulp trilt van plezier.
'Dat is... de maan!' juicht hij.
'Maan, maan!' roept Kim.
'Ik heb een tulp voor je.'
'Boe!' brult het hoofd.
'Ik ben de maan niet.
Ik ben Oeps!
Woest en wild ben ik.'
Oeps grijpt de tulp.

'Jug,' zegt hij.
'Wat stinkt die tulp.'
'Niet waar,' zegt Kim.
'Hij ruikt juist fijn.'
'Een spruit ruikt fijn!' brult Oeps.
'Ik heb trek.
Weet je wat?
Ik eet die tulp op.'
'Niet doen, Oeps!' gilt Kim.

De tulp roept om hulp.
Maar Oeps doet het toch.
Hij stopt de tulp in zijn bek.
Smik... smak... weg is de tulp.

'Ik lust nog wel wat!' brult Oeps.
Ai.
Oeps kijkt naar Kim.
Kim pakt vlug wat koek.
'Voor jou, Oeps,' zegt ze.
Maar Kim zit al in Oeps' bek.
En de koek ook.
'Mmm... Kim met koek,' smakt Oeps.

Nu zit Oeps vol.
Hij duikt diep in het meer.
Hij laat een boer:
'Bwuh...!'
Dan valt hij in slaap.
'Gurrrg... gurrrg...,' snurkt hij.

Kim zoeft door de maag van Oeps.
Ze gaat omhoog.
Omlaag.
Een bocht om.
Nog een bocht.
Lang en spekglad is die maag.
Het is net een glijbaan.

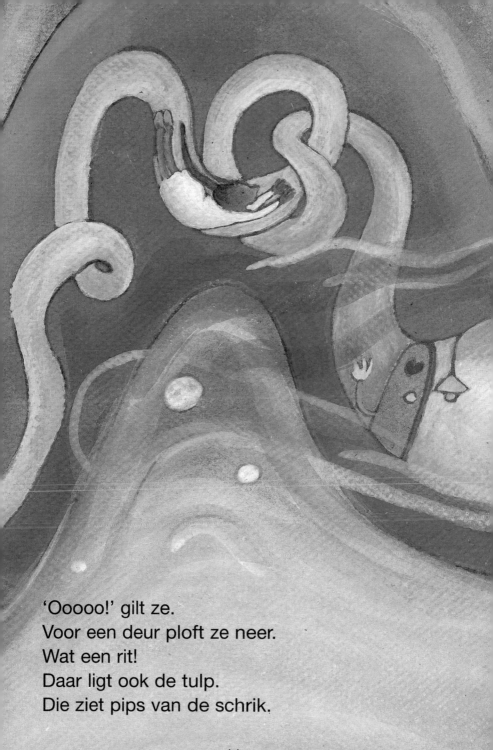

'Ooooo!' gilt ze.
Voor een deur ploft ze neer.
Wat een rit!
Daar ligt ook de tulp.
Die ziet pips van de schrik.

Op de deur staat:
Hier woont Luuk.
Kim belt aan.
Er komt een kop door een kier.
Dat is de kop van Luuk.
Luuk is een baars.
Hij heeft een schort voor.
Want hij zet thee.
'Ik ben in nood, Luuk,' zegt Kim.
'O jee,' zegt Luuk.
'Kom erin.'
Luuk pakt een vaas.
En zet de tulp erin.
De tulp lacht lief naar Luuk.
Dan pakt Luuk drie kopjes.
En drinken ze thee.

'Luuk,' zegt Kim.
'Hoe kom ik uit Oeps?
Want ik moet naar de maan.
Met mijn tulp.'

Luuk denkt diep na.
'Tja...,' zegt hij.
'Hoe kom je uit Oeps...?'
Hij zoekt in een boek.
Hij zoekt in de krant.
Hij kijkt tv.
Maar Luuk weet geen truuk.

Dan stuift er meel uit de tulp.
Dat zweeft de neus in van Luuk.
'O jee,' zegt hij.
'Wat kietelt dat!
Ha... haa... tsjoe!'
Hij snuit zijn neus in de theedoek.
Dan springt hij op.
'Ik weet de truuk!' juicht hij.
'Vlug Kim, pak de tulp.
Snel naar de neus van Oeps!'

Kim en Luuk zijn bij Oeps' neus.
Oeps slaapt nog.
'Gurrrg... gurrrg...!' snurkt hij.
'Klim op mijn rug, Kim,' zegt Luuk.
Dat doet Kim.
'Haal veel meel uit de tulp.
En stop dat in Oeps' neusgat.'
Dat doet Kim.
'Nog meer meel,' zegt Luuk.
'Meer... meer...!'
Ze graait in de tulp.
Oeps' neus wordt geel.
Geel van het meel.
De tulp is leeg.
Het meel is op.

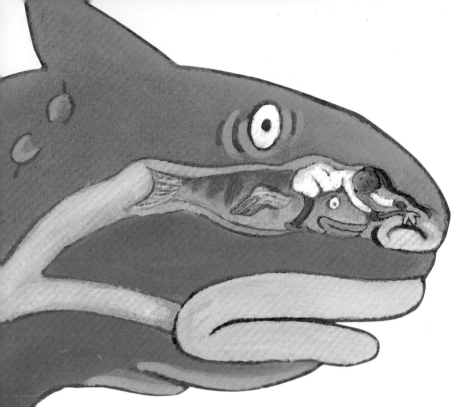

Dan is het stil.
Oeps snurkt niet meer.
Boos kijkt hij door een oog.
'Wat is dat!' bulkt hij.
Hij wrijft aan zijn neus.
Want die jeukt.
Hij snuft.
Hij snift.
Hij snuift.
Hij...
'Ha... haa... haaa... haaaa...tsjie!'
Hij niest.
De truuk werkt!

Oeps niest de tulp uit.
En Kim.
En Luuk.
In één keer.
Ver van Oeps plonzen ze neer.

Kim kijkt in het rond.
'We zijn vrij!' lacht ze.
'Geen Oeps meer te zien!'
'Klim op mijn rug,' zegt Luuk.
'Dan breng ik jullie bij de maan.
Ik weet waar hij opkomt.'
Luuk zwemt zo snel hij kan.
Hij komt bij een eiland.
Een eiland van wit zand.
Het eiland is heel bol.

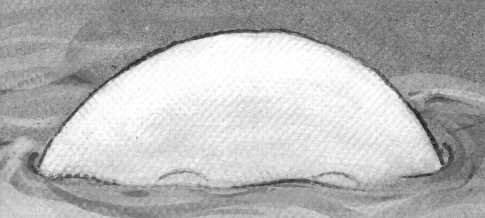

'Stap maar af, Kim,' zegt Luuk.
'Want hier is het.'
Kim kruipt op de bol.
De tulp ook.
Maar Luuk niet.
Die blijft in het meer.
Kim kijkt sip.
'Kom jij niet?' vraagt ze.
'Nee Kim,' zegt Luuk.
'Ik ga weer naar Oeps.
Want daar heb ik het goed.
Daar heb ik mijn krantje.
Mijn boek.
En mijn tv.
Kom nog eens langs.
Dan drinken we weer thee.'
Luuk neemt een duik.
Weg is Luuk.

Kim ziet een ster.
En nog een ster.
Maar geen maan...
'Waar blijft hij?' zucht Kim.
'Ik zit hier al een uur.'
Kim pakt de tulp.
In de steel zit een knik.
Het blad hangt slap.
Niks meer voor de maan...

Maar wat is dat?
De bol schokt en trilt.
Oei, oei, wat een drukte.
Het meer golft ervan.
Dan schiet de bol omhoog.
'Hé losbol!' roept Kim.
'Gaat het?'
'Ik ben geen losbol,' lacht de bol.
'Ik ben de maan.'
Nu ziet Kim het ook.
Het is de maan!
Mooi rond en wit is hij.
En nat van het meer.

'Maar wie ben jij?' vraagt de maan.
'En wat doe je op mijn hoofd?'
'Ik ben Kim.
Ik heb een tulp voor je.
Maar hij is geknakt.'
De maan pakt de tulp.
Hij steekt zijn neus erin.
'Mmm,' zegt hij.
'Maar hij geurt nog fijn!
Net parfum.'

Kim is moe.
'Maan,' zegt ze.
'Breng je me naar huis?'
'Dat is goed,' zegt de maan.
'Klim maar op mijn rug.'
De maan stijgt op.

De maan zweeft door de nacht.
Kim wijst naar een huis.
'Daar woon ik,' zegt ze.
'Hé,' lacht de maan.
'Dan weet ik wie je bent.
Je leunt vaak uit het raam.'
Kim lacht.
'Ja, en dan zwaai ik.'
De maan gaat Kims huis in.
Door het raam.

De maan stopt Kim toe.
Hij kust Kim op haar wang.
Hij zegt:
'Ik moet weer gaan.
Dank je wel voor de tulp.
Ik zet de tulp in een wolk.
Dan is hij zo weer fit.'
De maan zwiert het raam uit.
De nacht in.
De maan kijkt om.
'Doeg!' roept hij.
Maar Kim hoort het niet.
Ze droomt al.
Van de maan.
En van een bloem.

En dan knipoog ik

Ik ben de maan.
Dus ik moet gaan.
Mijn reis gaat héél ver.
Naar een ster!
Morgen kom ik weer.
Nat uit het meer.
En dan knipoog ik.

Spetter 3

Serie 1, na 4 maanden leesonderwijs, sluit aan bij *Veilig leren lezen* kern 7.
Serie 2, na 5 maanden leesonderwijs, sluit aan bij *Veilig leren lezen* kern 8.
Serie 3, na 6 maanden leesonderwijs, sluit aan bij *Veilig leren lezen* kern 9.
Serie 4, na 7 maanden leesonderwijs, sluit aan bij *Veilig leren lezen* kern 10.
Serie 5, na 8 maanden leesonderwijs, sluit aan bij *Veilig leren lezen* kern 11.
Serie 6, na 9 maanden leesonderwijs, sluit aan bij *Veilig leren lezen* kern 12.

In serie 3 zijn verschenen:

Lieneke Dijkzeul: Je bent een koukleum!
Lian de Kat: Stijntje Stoer
Wouter Klootwijk: Lies op de pont
Rindert Kromhout: Feest!
Ben Kuipers: Wat fijn dat hij er is
Paul van Loon: Ik ben net als jij
Hans Tellin: Mauw mag niet mee
Anke de Vries: Juf is een spook

In serie 4 zijn verschenen:

Rindert Kromhout: De dichte doos
Erik van Os en Elle van Lieshout: Een roos voor de juf
Frank Smulders: Een bloem voor de maan
Hans Kuyper: In het diepe
Gitte Spee: Willem en de nacht
Dirk Nielandt: Hop, naar bed!
Ben Kuipers: Voor Wolf van Lam
Selma Noort: Een super speeltuin

In serie 5 zijn verschenen:

Annemie Heymans: Niet leuk voor Sjaantje
Rindert Kromhout: Wat een verhaal!
Ben Kuypers: Wolf en Lam
Hans Kuyper: De prinses op het hek
Koos Meinderts: Moef wil weg
Gitte Spee: Van een verre planeet
Dolf Verroen: Net echt
Truus van de Waarsenburg: Een mooie bolle big

Spetter is er ook voor kinderen van 7 en 8 jaar.

STICHTING NEDERLANDSE
KINDERJURY
2001

avi 2

Boeken met dit vignet zijn op niveaubepaling geregistreerd en
gecontroleerd door KPC Onderwijs Adviseurs te 's-Hertogenbosch.

1 2 3 4 5 / 04

ISBN 90.276.8605.x • NUGI **260**/220

Vormgeving: Rob Galema (studio Zwijsen)
Logo Spetter en schutbladen: Joyce van Oorschot

© 2000 Tekst: Frank Smulders
Illustraties: Daniëlle Schothorst
Uitgeverij Zwijsen Algemeen B.V. Tilburg

Voor België:
Uitgeverij Infoboek N.V. Meerhout
D/2000/1919/172